소중한 분께 마음을 담아 세줄짜리 러브레터를 전하세요.

酒香百里(술향기는 백리를 가고)
花香千里(꽃향기는 천리를 가고)
人香萬里(사람향기는 만리를 간다)

만리를 가는 사람 향기처럼 사랑은 멀리 오래갑니다.
단 세 줄의 러브레터지만 한마디 한마디가 영혼을 휘감습니다.
사랑의 아름다움에 취해보세요.

— 유머코치 최규상

# 세줄짜리 러브레터

# 세줄짜리 러브레터

김재식 외 지음

초판 3쇄 발행 | 2014년 2월 21일

발행처 | 도서출판 작은씨앗
공급처 | 도서출판 보보스
발행인 | 김경용

등록번호 | 제 300-2004-187호　등록일자 | 2003년 6월 24일

주소 | 서울시 서초구 우면동 77-13
전화 | (02) 333-3773　팩스 | (02) 735-3779
이메일 | ky5275@hanmail.net

ISBN 978-89-6423-167-8 13810



이 도서의 국립중앙도서관 출판시도서목록(CIP)은 서지정보유통지원시스템 홈페이지(http://seoji.nl.go.kr)와 국가자료공동목록시스템(http://www.nl.go.kr/kolisnet)에서 이용하실 수 있습니다.
(CIP제어번호: CIP2014002767)

# 세줄짜리 러브레터

## 사랑할 때 알아야 할 것들

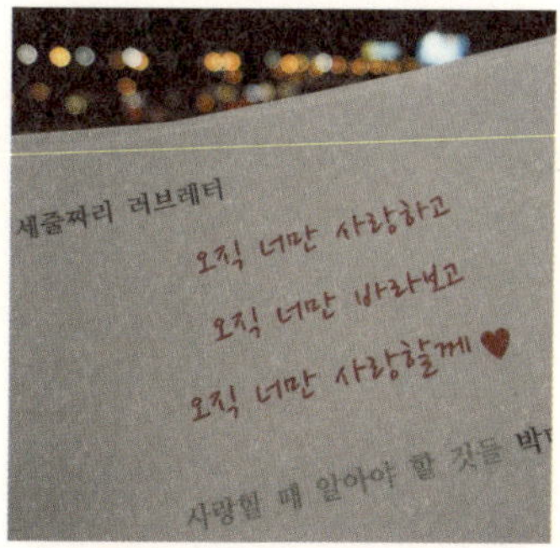


김재식 외 지음

작은씨앗

**일러두기**

이 책은 페이스북 〈세줄짜리 러브레터〉 페이지로 보내주신 팬 여러분의 소중한 글을 모아 만들어졌습니다. 의미 전달이 가능한 범위에서 문장을 고치고 다듬었으나 일부 내용은 원문의 느낌을 전달하기 위해 맞춤법 규정에 조금 어긋나더라도 수정하지 않고 그대로 살려 두었음을 밝힙니다.

〈세줄짜리 러브레터〉 전시회는 '사랑할 때 알아야 할 것들' 회원들이 가족·친구·연인 등 소중한 사람에게 보내는 사랑의 메시지를 오프라인 공간에 전시하여 많은 분들과 따뜻한 마음을 나누는 행사입니다. 레터를 통해 모인 기부금은 사회에 환원하여 좀 더 따뜻하고 아름다운 세상을 만들고자 합니다.

# 사랑한다는 것은……

사랑한다는 것은 그 사람을 온전히 인정한다는 것이다.
그리고 '사랑'은 말과 행동으로 마음을 표현하는 것이다.
따뜻한 말 한마디, 그거면 충분하다.

우린 일상의 중요한 것들로 인해 소중한 것을 잊고 또 잃고 살아간다.
하지만 삶에 있어 중요한 것보다 언제나 소중한 것이 우선이다.
늘 하루의 시작과 끝을 함께하는 사람들이 있다는 것을 기억하자.

포근하고 눈부셨던 삼청동의 나뭇잎 사이로 비친 가을 햇살
가을비에 촉촉히 젖은 노란 은행잎으로 가득했던 덕수궁 돌담길
짙은 가을 하늘 아래 붉게 물든 남산 N서울타워

겨울을 알리는 매서운 바람이 도심 속 따뜻함으로 전해지던 홍대입구
크리스마스 이브, 우리 둘 만의 특별한 사진 전시회 〈로맨스가 필요해〉
북적이는 사람들 속에 손잡고 걸었던 인사동 쌈지길까지

사랑하는 아들, 딸 그리고 엄마, 아빠 또 변치 않을 친구들에게
세상 어떤 것보다 소중하고 고마운 단 한 사람을 웃음 짓게 할
설렘 가득한 세줄짜리 러브레터를 전합니다.

마지막으로 나를 위해 매일 기도하는 우리 가족들과
망설일 때마다 앞으로 나아갈 수 있게 다독여주고 손잡아 준
그 사람에게 고맙습니다.

김재식

사랑한다면,
사랑하고 싶다면,
사알하시요!

# 차례

러브레터
왜아직도 좋지? 라는말에,
이니까 좋은거야 라고
오글멘트 던져주는 내 사랑!
조용화

# 삼청동

오늘도
아직도
여전히

넌 충분히 괜찮은 사람이야
그래서 누구를 만나느냐가 중요해
널 알아볼 수 있는 사람을 만나

이별도 감기처럼 약이 있었으면 좋겠어
낫진 않지만
그냥 조금만, 너무 마음 아프지 않게…

## 세줄짜리 러브레터 20

상대와 얼마나 사귀었냐보다
상대를 얼마나 알고 있느냐가
관계에 있어 더 중요함을 기억해

남자든 여자든 결국
자기를 인정해 주는 사람을
선택하게 된다

세줄짜리 러브레터 23

내가 널 얼마나
사랑하는지
안알라쥼~♥

세줄짜리 러브레터 24

사랑에는 나중이 없다
사랑은
지금 하는 것이다

사랑한다는 말
아끼다
똥 된다

내 인생에도 갑자기 무슨 일이 일어났으면 좋겠다
가령
사랑 같은거

사실 연애 중 제일 긴장해야 할 때는
그 사람이
편하게 느껴질 때다

기대지 마시오
사랑에 사람에
그 어느 것에도

세줄짜리 러브레터 29

잔소리가 줄어드는 건
너를 이해하는게 아니라
그만큼 너를 포기하는 걸지 몰라

어느 멋진 가을!

내님과 함께 함을

가슴 깊이 감사드리며! 사랑해!

처음 너를 만나
눈을 떼지 못했던 그 만큼 거리에서
바라볼게

## 세줄짜리 러브레터 32

대단한 선물이나 이벤트가 아니라
나의 사소한 것들을 기억하고 챙겨줄 때
문득 사랑받고 있다는 생각이 든다

세줄짜리 러브레터 33

너무 생각만하고, 망설이고
이상적이거나 진실한 사랑만을 꿈꾸다가는
아무것도 안 된다

세줄짜리 러브레터 34

오래 만나서 편안하다는 것은
두 사람을 함께 사랑할 수 있는
마음의 여유

## 세줄짜리 러브레터 35

좋아하는 건 쉽다
그 마음을 전하기 어려운 거고
헤어지긴 쉽다

넌 떠났지만 난 아직 제자리야
살면서 내가 그리워지면 돌아와
변함없이 기다리고 있을게

세줄짜리 러브레터 37

좋아하게 된 사람이 애인이 있다면 건드리지마
만약 다가간다면 그건 너를 위한 일이고
지켜봐준다면 그건 그 사람을 위한 일이니까

내 여자니까
넌 예쁘고
좋은 것만 봐야해~♥

아침에 일어나자마자 제일 하고 싶은 것도
자기 전에 제일 하고 싶은 것도
오빠 얼굴 보는거야

너를 오래만나도 아직도 두근거리는 이유는
여전히 쑥스러운 얼굴로 사랑한다고
귓가에 작게 속삭이는 너의 말 때문이야

## 세줄짜리 러브레터 42

내가 행동은 좀 그래도
내가 말은 좀 그래도
항상 고맙고 사랑해

이 순간 느끼는 감정이 너에게도 전해지길 바래
동이 트는 아침, 제일 먼저 널 볼 수 만 있다면
진짜 세상에서 가장 행복한 여자가 될거야

넌 정말 알면 알수록 좋은 남자고
난 시간이 지나면 지날수록
점점 더 행복한 여자야 ♥

만나서 싸웠지만
그래도 좋고
너무나 보고싶은 너

나는 여기 한국
너는 거기 뉴욕
또 만나러 갈게!

## 세줄짜리 러브레터 47

사람은 마주보며 바라만 보는것

사랑은 손잡고 따뜻함을 느끼는것

그래서 사람들은 사랑을 아주 좋아 한다.

어디에 있든, 무얼하든지
내 머릿속에는 당신이 있기에
당신 말고는 아무 생각도 할 수가 없어요

처음엔 너랑 있으면 편하고 든든했고
그 다음엔 조금씩 설레였고
그러다 너를 너무 사랑하게 됐어

너만 보면 심장이 떨리는 걸
하루라도 못 보면 힘든 걸
넌 이 세상에서 나에게 제일 예쁜 girl

세줄짜리 러브레터 51

여자 혼자 살기 힘든 세상이지만
내가 항상 험난한 길에 아스팔트 깔아놓을게
여보는 편하게 가면 돼

오빠없는 세상은
산소없는 세상
평생 함께 해줘 ♥

세줄짜리 러브레터 53

너 없으면 안될 것 같아
부탁인데 다시 돌아와줄래
자존심 버리고 사랑할께

떨어져 있으면 보고 싶고
함께 있어도 보고 싶고
봐도봐도 보고싶어 ♥

너는 알고있니?
내 마음은 이미
사랑을 넘어섰다는 걸

내 눈꼬리가 휘어질 정도로 웃게 하는 사람
몇 마디 말로 마음을 붉게 물들이기도하는 사람
날 이렇게 만드는 그 사람이 사랑인 것 같아

집안 구석구석에 니 흔적이
집 밖 조약돌 하나에도 니 흔적이
사소한거 하나에도 니가 보여 참 좋다

내가 더 많이 미안해
내가 더 많이 고마워
내가 더 많이 사랑해

몇 년이 지나도 항상 지금처럼
싸우지 말고 변하지 말고 사랑하자
보고싶어

내 옆에 있어줘서 고마워
태어나줘서 고마워
그냥 항상 고마워 ♥

# 덕수궁

아름다운 내 사랑
모자란 내 곁에 있어줘서
감사하고 행복하고 사랑해 ♥

언제나 내 옆에서 힘이 되어주고
내 삶의 전부인 남자
바로 너

지금 많이 힘들어도 아자!!
여보는 잘 할 수 있어 아자!!
내가 항상 옆에 있어줄게!!

우리 헤어지는게 나을까?
난 싸우고 싸우더라도 끝까지 갈거야
진짜 사랑을 찾을거야

세줄짜리 러브레터 69

하트 하나에 내 심장이 녹아내리고
보고싶어 이 말이 엄청난 응원이 되고
사랑해 이 말에 미칠듯한 행복함을 느껴

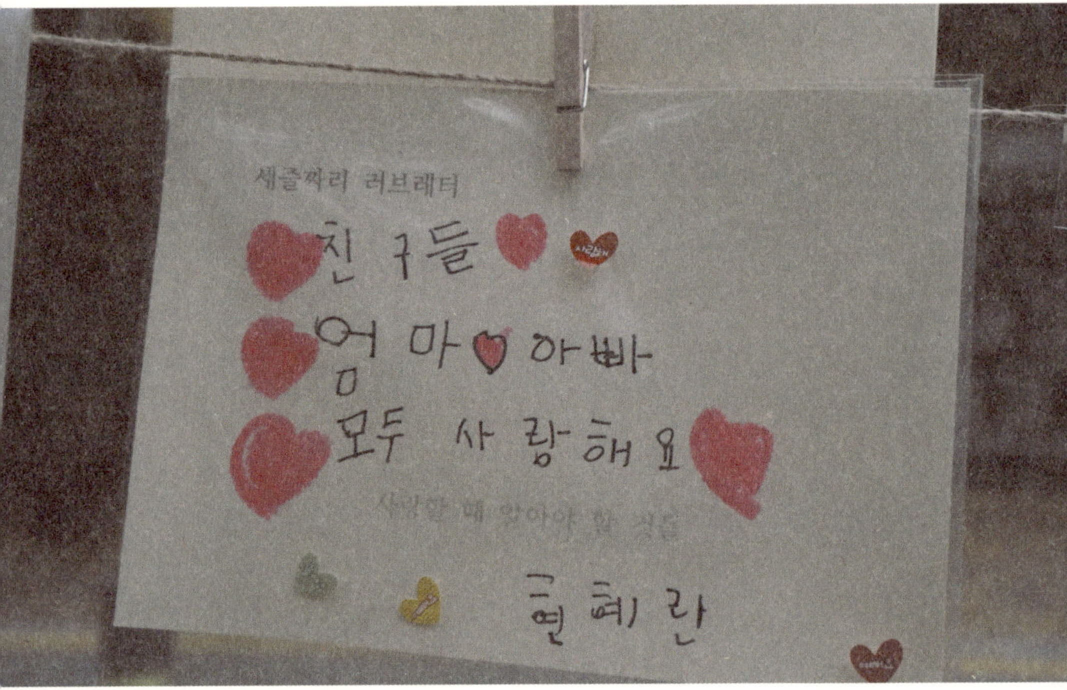
세글짜리 러브레터
친구들
엄마 아빠
모두 사랑해요

하늘이 두 쪽 날 때까지
바다가 마를 때까지
태양이 식을 때까지 사랑해 ♥

내가 꽃이라면 향기를 주겠지만
사람으로 태어나
그대에게 사랑을 드리리

세줄짜리 러브레터 73

오늘도 너뿐이고

내일도 너뿐이고

평생 너뿐이야 사랑해 ♥

항상 부족한 나한테
매번 다시 돌아와줘서 고마워
너만 보면서 평생 다 갚을게 사랑해

내가 많이 부족해도
너 하나만 바라 볼 테니까
이대로만 이어가자

사귀기 시작할 땐 이렇지 않았는데
200일 가까이 되어가고 있는 지금
너가 없으면 많이 힘들거야 소중하고 사랑해

어제 너를 사랑했어
오늘도 너를 사랑해
내일도 너를 사랑할거야 ♥

성냥 같은 사람이 되고싶다 혼자 있을 땐

금방 쉽게 타 재가 되지만 뗄감이 있다면

그 불은 훨씬 강하고 큰 불이 되는 ...

잠깐 놓았는데도
내곁에 머무를 때
그 사람이 바로 내사람이다

내가 평소 차갑게 하더라도
다 내 감정표현이고 노력하니까
예쁘게 봐줘 사랑해 ♥

니가 나였고
내가 너였다
우리

초심으로
서로 존중하고 상대방 생각도 하면서
예쁘게 만나자

매일 너를 생각하며
하루하루를 버틸 수 있어
평생 사랑하며 함께해 ♥

난 아직 너 없이는 못 살거 같아
이거 보면 연락 줘
용서해줄게

우리가 함께하는 두 번째 가을
이제 함께 할 백여 번의 가을이
참 고맙고 다행이야 ^^

2013.11.3
JN♥DK
2013.11.3
취업하쟝!
MS ♡ KJ
2013.11.2
2013.11.02
2013.11.3
MJ♡YJ
2013.11.2
J♥J
'13.11.2
우리 1년 축하해
MH♡SY
2013.11.02
2013.11.3
2013.11.02
2013.11.02

같이 있음 너무 죠아
같은 마음이길
쮸우우우욱 ♥

기다리게만 해서 미안해
멀리서도 힘이 되어줘서 고마워
오늘보다 내일 더 사랑해 ♥

지금 이 순간에 잠이 오냐
겁나 잘 자네 잠탱이
미워죽겠지만 좋아죽겠다 ♥

나랑 같이
치킨 먹을래?
다리는 너 줄게

## 세줄짜리 러브레터 91

너와 있으면 좋아
무슨 말이 필요해
지금 당장 만나

오늘도 너와 함께했어
네가 지금 내 옆에 없어 보고싶어
하지만 괜찮아! 낼 다시 함께 할 거니까

니가 좋다
너는 어때?
사귈까?

나는 너를 그리고
너는 나를 그리는
그림같은 사랑 ..♥

엄마는 언제나 힘드시지만 제가 시간이
될때만 도와드릴수가 있어요.
엄마 사랑해요.

당신은 저에게
당신에게 저는
가장 소중한, 소중해지고 싶은 사람입니다

또다시 상처받고
눈물 흘리고
후회할거란 걸 알면서도

오빠로 인해서 요즘 행복 그 자체 ♥
이젠 난 오빠 없음 맥주없이 먹는 치맥이야
고마워 사랑해줘서… 평생 함께하자 ♥

## 세줄짜리 러브레터 99

난

항상

니 생각뿌우우우운

너를 좋아한다
또 너를 사랑한다
이유는 없다

세줄짜리 러브레터 101

같이 있으면 투덜대기만 하다가
떨어지니까 너무 보고싶다
항상 투정 부려서 미안해

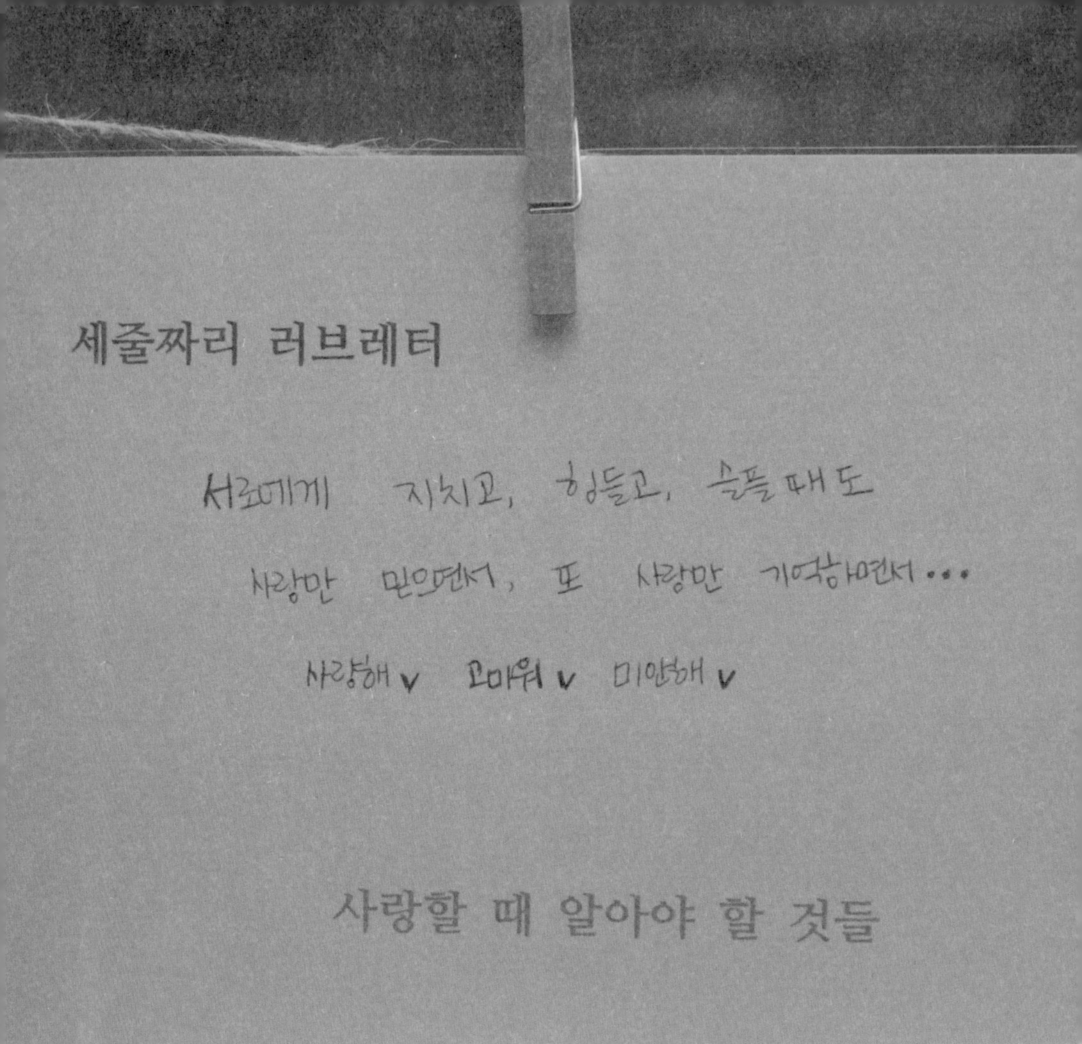
세줄짜리 러브레터
서로에게 지치고, 힘들고, 슬플 때도
사랑만 믿으면서, 또 사랑만 기억하면서...
사랑해 v 고마워 v 미안해 v
사랑할 때 알아야 할 것들

꼭 밥 잘 챙겨먹구
꼭 항상 건강하구! 아프지마
쪽 사랑한데이 ♥

하나부터 열까지 힘들텐데
다 이해해주고 받아준 당신
힘내고 내가 사랑해요

니가 내 곁에 있어서 항상 든든해
계속 내 옆에서 나 지켜줘
앞으로도 아끼고 이해하고 사랑할게

그냥 다 고마워
그냥 다 미안해
그리고 사랑해

많이 보고 싶어서
더 많이 사랑하게 되나봐
그래서 같이 행복해지고 싶나봐

사랑해 ♥
정말로 사랑해 ♥
너무너무 사랑해

항상 미안해…
너무너무 사랑하는 걸 어떻해
너무 보고싶어 죽겠는 걸 어떻해

남산

이제야 심장이 뛴다
너를 만나고
웃는다, 네가 안 보일 때도

힘내! 라고 등을 밀어 준 것도
힘내지 않아도 괜찮아! 하고 안아 준 것도
당신이었습니다

싸워서 싫은데 좋고
답 늦어서 싫은데 좋고
맨날 생각나서 피곤한데 좋다 ♥

날 기다리다 잠들었던 너
미안 오래 기다리게 해서
ㅅ ㄹ ㅎ

너가 내 이름만 불러도 두근거리는 거 알아?
내가 너 이름 부르는 것도 두근거리는 거 알아?
어쩌지? 내가 너를 너무 많이 사랑하나봐

사랑해요
닿지않겠지만
그래도 사랑해요

멀리 떨어져 있지만
그대를 향한 내 맘은 항상 그대로기에
그대를 위해 기도하겠습니다 ♥

매일 먼저 꿈나라에서 날 기다리는 너
계속 기다려라 다리 뽀사질 때 까지
잘자 개똥이

항상 고마워
항상 미안하고
언제나 너만 섬길께 ♥

오빠로 인해 웃다가 울다가
이러다 미운 정 디따 쌓이겠다!!
그래두 좋은 건 변함 읍따 ♥

너를 만나서
내 생에
가장 기뻐

글로 백 번 쓰는 것 보다
얼굴보고 하는 한 마디가
더 달달할걸

너가 있어서 사랑을 하고
함께 있다는 것에 감사하고
너를 볼 수 있어서 힘이나

나의 꿈을 이야기 하고 싶은 사람.

나의 꿈을 같이 하고 싶은 사람.

나의 꿈과 맞바꿀 수 있는 사람. 너!

언제 만나요?
보고 싶어요.
좋아할게요

세줄짜리 러브레터 128

매일 매일 행복해
오빠로 인해 오빠가 있어서
사랑해 ♥

이젠 없으면 안되는 너무나 큰 존재
언제나 내 옆에 있어줄거지?
사랑해 ♥

돈 없어도 좋아
거지여도 좋아
그 자체만 보고 평생 사랑하자 ♥

좋다
너도 내가 좋지?
나도 안다 ㅋㅋㅋㅋ ♥

너만바라보고
너만이뻐하고
너만사랑할게

어제도 보고
오늘도 보고
내일도 보고?

"어디갈까"라는 배려보다
"여기가자"라고 박력있게
리드하는 남자가 매력있다

세줄짜리 러브레터 136

사랑하는데 가끔 너무 밉다
너무 미운데도 너무 사랑한다
알 수 없는 매력가진 남자다 ♥

어디서 이런게 굴러들어왔지
귀엽고 예쁘고 사랑스러운것
사랑해 ♥

세줄짜리 러브레터 138

미숙에서 친숙으로
친숙에서 익숙으로
익숙에서 성숙으로

바보 똥개야 책임져~
하루종일 니 생각만 나구 혼자 피식 거리잖아
그니깐 평생 책임져!!!!

너만 보면 두근두근
헤어질 땐 아쉽아쉽
만날 때면 방실방실

내가 먼저
번호 땄으니깐
내가 책임진다

닿은 순간

나도 몰랐어

스며들은 줄.

얘들아.

아빠가 좀 더 친해지기를 바라면서

사랑해 혜민. 윤현 ☺

세줄짜리 러브레터 144

사랑해 사랑해 ♥
매일매일 아무리 말해도
내 맘을 다 표현하긴 부족해

방금 헤어졌지만
뒤돌아서니 보고싶다
지금 보러간다

세 줄로 내 마음을 어떻게 표현해
앞으로 매일매일
시도 때도 없이 표현 해 줄게 ♥

너를 사랑한다
너만 사랑한다
사랑이 너다 ♥

아파도
싸워도
보고파

내꺼하자
사랑해
끝까지

너는
그냥
내꺼

사랑해 ♥
앞으로도 사랑할게 ♥
평생 니 여자로 너 옆에서 사랑할게 ♥

이래도
저래도
니가조음 ♥

너를 알게 되어 참 다행이다
껍데기가 아닌 나로 살게 되었다
너를 사랑해서 나를 더 사랑하게 되었다

그냥 이 가을 밤을 걸었으면 좋겠어
너와 함께 아무 걱정 없이 다른 생각 없이
그게 지금 내 가장 큰 행복이야

미안해 X
말고
잘할께 O

편해서 나한테 막하고
다른 사람은 남이라서 잘 해준다면…
우리, 오늘부터 좀 불편해져 봐야겠다

# 홍대

PASTA & PIZZA
Wonderbra
COOL
OPTICAL SHOP
친절한 서울 택시

가까이 있는 시간보다
멀리 떨어져있는 시간이 많지만…
늘 나는 당신곁에 있어요

넌 항상 내 옆의 든든한 지원자
고맙구 미안하구
사랑해

처음 느낀 그 감정
오래도록 함께 지켜나가요
지금처럼 사랑해요

좋은 사람이 되고 싶다
능력 있는 멋진 사람이 되고 싶다
너 옆에서 그런 사람이고 싶다

감사해
영원히 같이 걸어가자 둘이
사랑해 ♥

지금은 힘들지만
곧 행복해질 우리
서로 위해 참고 기다리는 중

나에게 걸어오는 너의 모습에
널 웃음짓게 하는 나의 모습에
이 순간 행복하다는 걸 느껴 ♥

세줄짜리 러브레터 169

고마워 친구야
사랑해 친구야
하나뿐인 너야

누군가에게
소중한 존재가 된다는 것
참 행복한 일이에요

내 분신 내 당신
슬플 때 힘들 때
항상 토닥여줘서 고마워 ♥

당신 생각만으로도
웃음 짓게 만드는 그대
고마워요 ♥

우리가 만나서 사랑하게 될 줄 누가 알았을까?
이 넓은 지구에서, 넓고도 좁은 이 땅에서
당신과 나 만나서 사랑을 하고 있어

-

우리 조금 지치고 힘들지라도

항상 함께일 것을 알기에

언제까지나 사랑이기를 -

6년의 만남
6년의 흔적
이제 60년을 함께하자

지금처럼 함께하자
항상 함께하자
평생 함께하자

널 사랑하려면
조건이 하나있어
무조건 사랑하기 ♥

7년전 사랑을 알았고
7년후도 여전해
눈 앞에만 없을 뿐

보고싶다.
방금 보고왔는데…
또 보고싶네 사랑해 ♥

세줄짜리 러브레터 180

우리 할머니 우리 아빠 우리 엄마
내가 정말 사랑해요
미안하고 항상 건강하고 행복하자 ♥

엄마 사랑해요
아빠 사랑해요
형 너도

2013.11.30
성주♡새하
믿게 해줘서
고마워♡
2013.12.1
용수♡혜린

몸이 멀어지면
마음이 멀어지는게 아니라
더 애틋해지는거야 사랑해

웃고 울고 미쳐도
늘 곁에서 머물러주는
내 친구들

사랑한다고,
더 말해줄 수 있었을텐데
미안합니다

헤어지지 않고 불안하지 않고
평생을 약속하는 연애라는거
너랑 해보고 싶어 사랑해

하나님께서 내게 주신 값진 선물
이 세상에서 둘도 없는 우리오빠
앞으로 더 많이 아끼며 사랑할게 ♥

보고싶어
용기가 안나
말 좀 해봐

어제 봤는데 보고파
오늘 봤어도 보고파
내일 볼테도 보고파

만난지 30년된 우리의 우정이
언제까지라 지금처럼 영원하길 ...
잘 모르는 인생이지만 알아가면서 즐기자.

너에게
감동이 되지 못해도
상처는 되지 않을게♡

못생겨도
안 날씬해도
나 좋아해줘서 고마워

니가 없어서
나는 너무 힘들지만
너는 힘들지 않길

눈빛만 봐도 알수있자나
손만 잡아도 설레있자나
내가 너 좋아하자나 ♥

말을 해야 아냐구??
눈빛 보면 모르냐구??
알지~ 사랑하는 눈빛으로 말해주면~ ^^

사랑해
지금부터
앞으로도

사랑해요
닿지 않겠지만
그래도 사랑해요

인연이 있다는걸
알려준 너에게 감사해
항상 행복하자

그댈 속여서 미안해요
그래도 옆에 있어줘서 고마워요
끝까지 감동주며 너만을 사랑할게요 ♥

너는 내 비타민
철분제
오메가3

평생 하나뿐인 사랑
내 마음에 새긴 한 사람
너 하나야

언제나 너무 사랑스런 너
점점 더 사랑스러워
보구싶다 내 반쪽 ♥

멀어진다 해도 다시 붙을거고
우리 사이의 빈틈은 없을거야
내가 더 다가갈꺼니깐!

만난 날 만큼 헤어져 있겠지만
우리는 해낼거야
마음은 닿아 있을테니까 힘내 ♥

쌈지길

친구처럼, 오빠처럼, 애인처럼
항상 내 옆에 있어줘서 고마워
지금처럼만 쭉 사랑하자

지금처럼만
앞으로는 평생
눈 감을 때까지 옆에 있자

받기만 했던 사랑
이제는 베풀고 싶은 사랑이 되었어
깨닫게 해준 오빠 영원히 서로 사랑하자

누구보다도 편한 친구가 되어주고
제일 사랑하는 사람이 되어 주기도해서
왕 고맙긔 ♥

너 없으면 안되는 나
나 없으면 안되는 너
그래서 우리는 찰떡궁합 ♥

너만 바라보고
너만 생각하고
너만 사랑하는 당신바라기 ♥

세줄짜리 러브레터 216

따뜻한 미소 한번이라도 더
따뜻한 말 한번이라도 더
우리 같이 그렇게 사랑하자 ^^ ♥

나에겐 너무도 완벽한 당신 ♥
나란 존재를 무조건적으로 사랑해주는 당신
우리 앞으로 지금처럼 늘 행복합시다

나는 한 발짝 다가가서 널 잡으려고 하면
넌 잡히지 않고 사라져 버리는것 같아서
커지는 내 마음이 두려워

겨우 세 줄에 내 마음 담을 순 없겠지만
꼭 한번 들려주고픈 말이 있어요
당신이 바라보는 사람이 나여서 고마워요!

## 세줄짜리 러브레터 220

하루 못 봐서 찡찡대도
한번 잘못해서 삐져도
그래도 좋아 니가 내 여자라

이런 말을 여자가 먼저 한다고
이상하게 생각할지도 몰라서
망설여졌었지만 결혼하자 ♥

나는 당신이라는 나무의

물, 햇빛, 땅

입니다

설레이던 그날의 우리와

사랑가득 오늘의 우리

언제나 서로에게 따뜻함이길

세줄짜리 러브레터 224

오빠가 나 처음 안아주면서
한 말 기억나? 너무 힘들때
하늘에서 보내준 천사 같다고

To 엄마
미안하고 사랑해잉
앞으로 맛난 것만 먹고 행복해지자!

꼭 안고 있다가 널 보내고
집에 와서도 설레
아직 나한테 있는 네 향기 때문에

자기야!
우리가 이렇게 만난 것도 인연인데
나 너 정말 행복하게 해줄게

내가 다른 곳에서 헤매고 있을 때
힘든 내색도 없이 옆자리 지켜준 당신
내가 우리 과거 다 갚아나가며 사랑할게

매번 날 먼저 생각해주고, 이해해줘서!
언제나 더 잘해주려 해줘서!
고맙고, 정말 너 사랑해

내 차가운 손 잡아주는 사람이 항상 너이길
너의 손잡고 걸으면서 웃는 사람이 평생 나이길
앞으로도 지금처럼 사랑한다고 말하는 우리이길

내 마음은 바로 네 마음 안
네 마음은 내 마음 안
사랑해 미친듯이

지금껏 많이 사랑해주지 못 했었지만
지금부터라도 너만 아껴주고 사랑할게
사랑하는 주인님이 ♥

지금 힘든거 조금만 더 참아요
내가 항상 너 옆에서 사랑으로
기다리고 있을게 ♥

당신의 사랑이

늘

행복하기를

항상 내가 양보해줄게
그냥 내 옆에 꼭 붙어있어
난 그거면 만족해. 결혼하자

과거에서도 앞으로의 시간에서도
당신이라는 남자 옆에서 꼭 붙어있을라고
사랑해요 ♥

당신과 함께하는 오늘 너무 행복합니다
내일은 어떨지 또 설레이네요
더이상 무슨 말이 더 필요할지...

스쳐지나가는 인연을
운명으로 만드는 것.
그것이 바로 사랑…

상처 받게 되면서도
계속 네 곁에 남아 있는 건
그래도 네가 좋아서야

힘들었던 만큼 우리는 더 단단해질거야
많은걸 포기하고도 내 손잡아줘서
너무 고마워

있을땐 몰랐는데
니가 없으니
너무 그립다…

함께하기에 소중하고 또 행복한
당신 내 곁에서, 나 당신 곁에서
언제나 마음 변치 않고 사랑해요

당신이 나를 사랑하는 만큼~
나도 당신을 사랑한다는 것이
얼마나 감사한일인지 알랑가 몰라? ♥

힘들게 돌아돌아 다시 만난 당신
매일매일 보고 싶은 당신이여
이제는 후회없이 당신을 사랑할래요 ♥

Korea Grand Sale
2014
Jan.03 ~ Feb.16
foreign visitors
10% off

혼자 있을 땐 보고싶고
둘이 있을 땐 신나는
그런 너랑 살고싶다 사랑해 ♥

언제나 내 옆에서 나를 지켜주는
이름만 불러도 생각만 해도 마음 속
저릿함이 밀려오는 한마디 "우리 엄마"

앞으로의 우리 날들도
손잡고 함께 달려요
서로의 러닝메이트

여보가 첫사랑이 아니라서 다행이야
아직 서툴지만 조금은 성숙해졌으니까
우리 서로 키워주면서 예쁘게 사랑하자 ♥

나 자신만 사랑하던 내가
당신이란 사람 덕분에
내가 아닌 다른 사람을 사랑하게 되었어!!

걱정마

늘

네 옆에 있을께

어느날 갑자기 시작된 인연
소중히 이어나가요
행복하게 잘살아요

# 게릴라展

사랑하는 방법은 달라도

너와 나의 사랑은

언제나 변함없이 같기를…

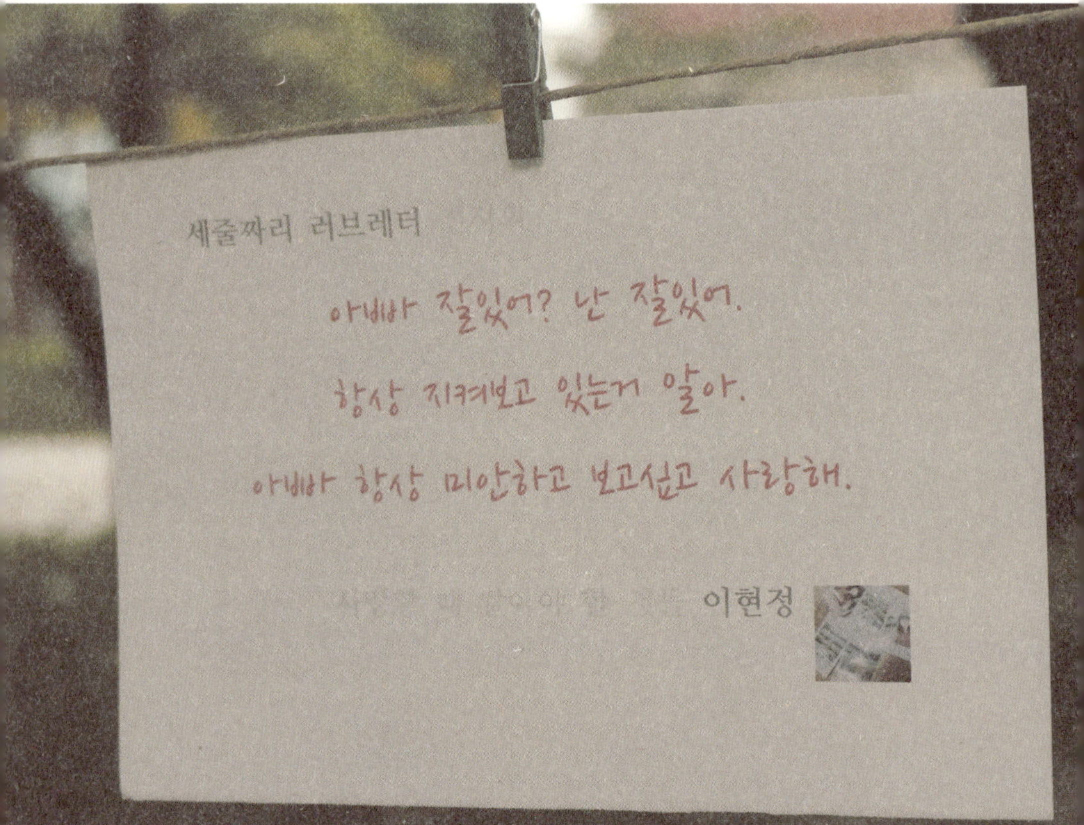
세줄짜리 러브레터

아빠 잘있어? 난 잘있어.

항상 지켜보고 있는거 알아.

아빠 항상 미안하고 보고싶고 사랑해.

이현정

흘러감에 아름다운 기억은 변화한다
그 찬란함은 길지않고 분명하지 않다
남는건 그저 그 당시의 향기일 뿐이다

사랑할 때 알아야 할 것들

나는 빨강 너는 파랑, 서로의 색을 가진 채
우리가 보라가 될 때까지 그렇게
서서히 물들어가고 싶어

어제보다 오늘
내일은 더
사랑해 ♥

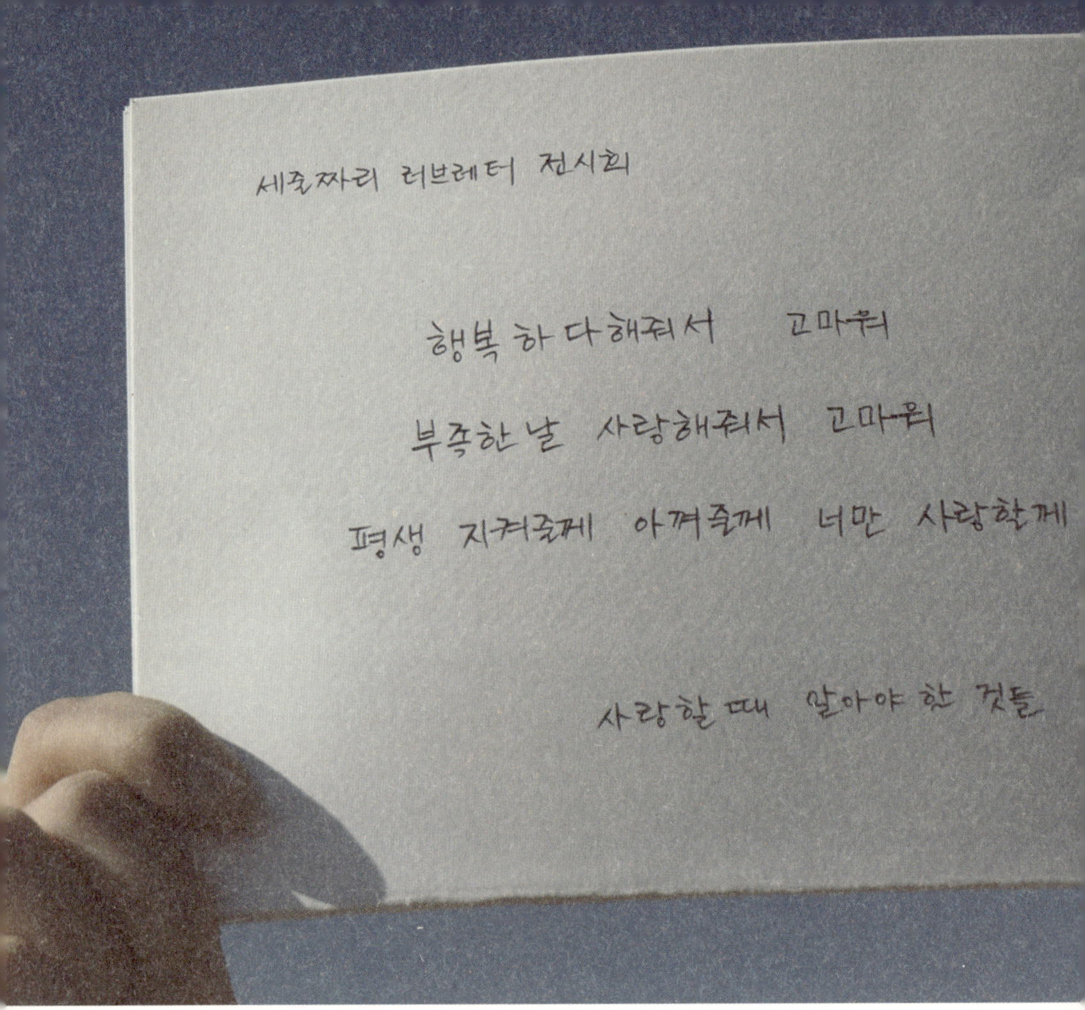
세줄짜리 러브레터 전시회
행복하다해줘서 고마워
부족한날 사랑해줘서 고마워
평생 지켜줄께 아껴줄께 너만 사랑할께
사랑할때 알아야 할 것들

당신의 흰 머리 결에 입 맞출래
당신의 주름진 손 꼭 잡고 걸을래
평생을 약속해준 당신, 사랑해

기다려 줄 테니까
천천히 생각하고
다시 내 앞에 와

내 마음을 다 표현할수는 없지만
넌 내게 짐이 아닌 행복이야
사랑해 ♥

가족의 행복을

사람과의 인연을 소중하게

감사하며 베풀며 살자!

말뿐이 아닌

손 끝으로 약속할게

우리의 행복은 지금부터야

세줄짜리 러브레터 전시회
사 랑 해
고 마 워
이런 감정 느끼게 해줘서
사랑할 때 알아야 할 것

미워도 밉지 않다
이유 없이 보는 것만으로도 기분이 좋아진다
신기하다

"480일인데 왜 아직도 좋지?" 라는 말에,
"480일이니까 좋은거야" 라고
가끔 민망한 오글멘트 던져주는 내 사랑!

세상의 중심에서
뿌리 깊은 나무처럼 늘 지켜주는
그대는 내게 기적입니다

세줄짜리 러브레터 전시회

사랑해

더 사랑해

또 사랑해

사랑할 때 알아야 할 것들 김원영

모두가 부러워 하는 베스트 one보다는
누구도 대신할 수 없는 only one
my love

당신이 떠나면
나 또한 떠나리
당신의 손을 잡은채로

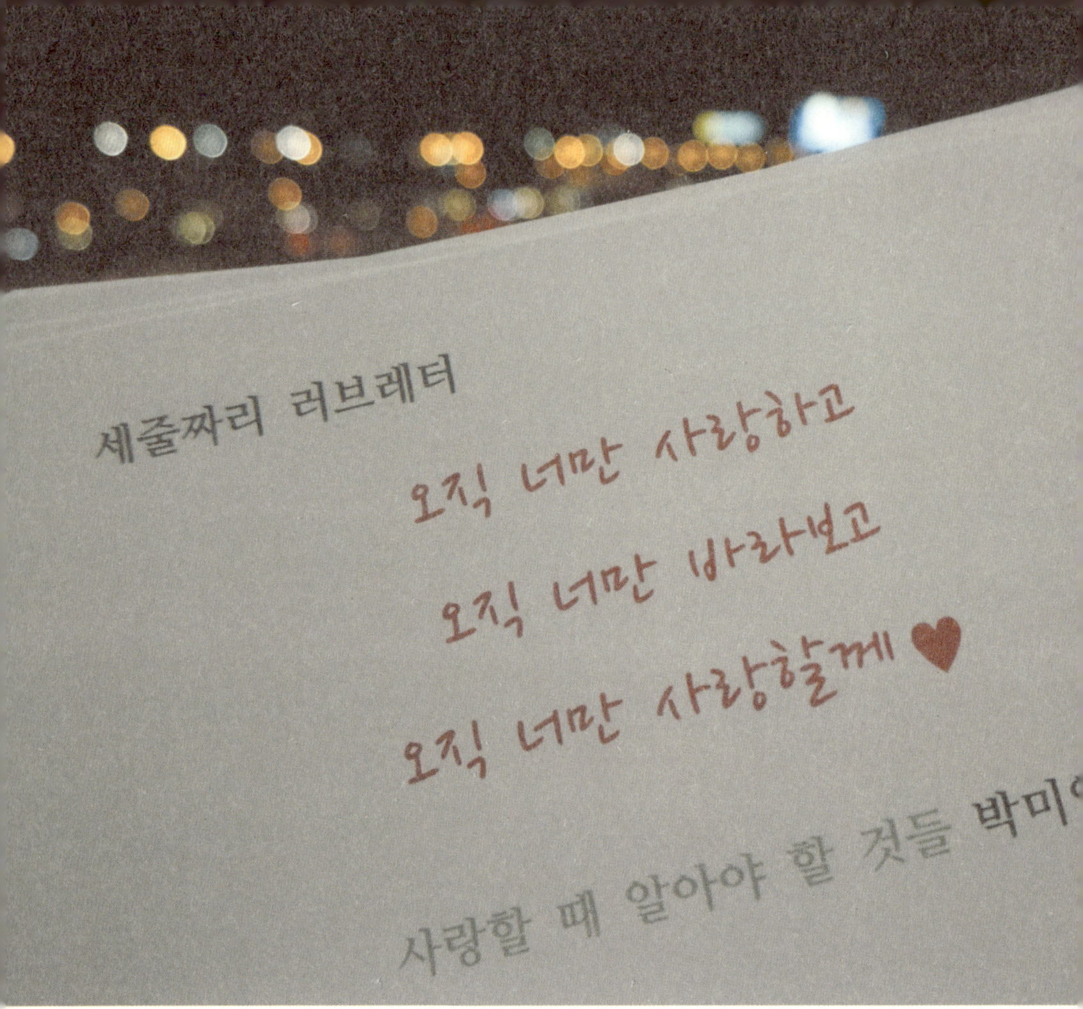
세줄짜리 러브레터
오직 너만 사랑하고
오직 너만 바라보고
오직 너만 사랑할께
사랑할 때 알아야 할 것들 박미

만나면 만날수록
시간이 흐를수록
더욱더 보고싶고 그리워지는 사이

동작역

난
네가 보고 싶은데
넌 아니네

내사랑 호빵
당신은 나한테
호빵 속 팥같은 존재♥"

너라서 ...

그리고 나라서 ...

우리는 사랑하는 거야 ♡

나도

이제 그만

커플 지옥으로

그래도
사랑합니다
그래도

MERRY
CHRISTMAS

세줄짜리 러브레터 291

단 하나의 기도
"영원히 함께… ^^"
미안해, 고마워, 사랑해

사랑은 보이지 않는 것을 보이게 하고
사랑은 들리지 않는 것을 들리게 한다
너라는 존재는 나에게 기적과도 같아

매일 하루 일 분 일 초가 너여서 행복해
너로 시작하고 너로 마무리하는
이 행복이 평생 계속되었으면 좋겠어

영화처럼 내 맘에 들어왔어요
기적처럼 내 곁에 다가왔어요
영원히 놓지 않을거예요

# 도움 주신 분들

양아름 김은경 이수진 노다빈 신채윤 장미진 이상민 박수아 김태범
이동현 이용준 우무준 이효원 박혁주 신지현 김동주 김채은 최수와
김지형 박미리 최미연 이행나 서유진 신용재 조일한 도희주 조용화
안효준 김정인 곽수선 홍성빈 김한울 임수연 박보미 김인하 고은별
김종주 이유나 이혜지 허수연 박재진 박지은 경민석 김주혜 김성철
이한별 정근호 서애림 김인화 오설히 김영실 김애린 한혜경 이유리
김건우 혜으니 윤광일 하문희 이상호 김남희 손주명 선 미 이지연
이주경 조용범 김민준 희 지 권오빈 강영서 김솔아 성아민 김소연
안수진 이승호 강노을 장수연 위다영 장서현 박수민 조아영 윤귀용
혜 영 이혜영 김지영 김설희 정원용 안주혜 심재훈 조윤영 김가람
박성호 진영주 송주은 한 솔 강효빈 김채린 김령희 홍인기 이승언
권은진 상근이 김명기 이수진 한진우 강래형 찬혁노 여의주 이나희
김나경 박성희 서연주 구예슬 조성민 김선호 한지언 박다슬 김하람
안예진 송하정 이수연 우다슬 어 철 김효진 윤여현 정현아 강호동
김란희 예 지 김이슬 오정은 이윤채 윤의진 유지용 김인지 김정이
김주희 박혜린 박미혜 허 윤 무 명 김재식 권영기 유지혜 류현주
이정민 성슬애 박이슬 정이슬 이슬이 최예나 김지연 황인수 공윤배

이용우 김현숙 정현영 김지은 김선경 임채민 한민아 신규옥 안 란
김승현 김나랑 고 은 권순희 조하늘 김규야 류수정 복선근 고대영
최민수 이홍엽 이승현 권보라 이경진 김동희 박세원 김초희 박현영
황성웅 최다영 서민규 우혜림 이지현 유정민 이연정 심세라 박은성
류수열 이진주 여은미 변현주 이다예 이현경 고한아 하현주 이민주
박선지 연미현 한수호 배미람 이현지 정영미 배경심 백승영 조다현
이현영 이지원 김가영 박은결 송현경 조채은 황대연 정지헌 문수인
이현우 이호연 최찬희 최유정 강민설 류미선 지혜근 김성영 김희영
이혜정 김제성 이성훈 이명일 신은혜 이성원 정하나 정새하 홍성호
김은주 이자혜 주명선 백지연 최수란 이혜주 윤성민 정달봉 이은총
홍예은 강 일 엄준용 장호연 장혜진 박미연 이승아 박진호 김수진
유정근 이은경 이진노 김희준 김혁진 정정민 허민지 이성호 홍문선
황우연 김해미 김효준 지채원 김벼리 최성실 홍 현 장유진 이인호
김진아 유민아 정동진 이주원 김동혁 박상현 강태희 이지훈 엄태주
윤새암 홍누리 희 진 서민근 이동훈 한유진 정유진 안선효 강승호
김수라 조남희 유민하 김희주 김지우 허일회 전수완 김혜지 김나영
나석민 김명하 이채연 윤나라 김승원 양희성 김태희 이은지 이동건

신은영 샛 별 김가경 김용근 천영민 김태주 송다희 송화진 김면희
이소정 나영채 김려현 유미진 하동주 한유선 이다솜 김지효 김나은
박유라 강다혜 안영민 김경민 양다은 박꽃초롱 송이지훈
전다소미 Jihye Park Dai Jung Minsun Kim Yelee Moo Hyesun Lee
Jinju Ahn Eunji Roh Andy VanderKodde JaeIn Kim Soyeon Min Miso Go
Dayoung Hwang Kyunghwa Kim Eunjin Roh Terrie Lee Soyeon Hailey Lee
Yun Kyung Cho Hug Park Eunji Ha Hyunjin Na Sora Shin Soh Celine
Hyeon Jung Hyang Lee Mari Kim Eunkeum Kim ChangJae Cho Sak Lee
Chanyoung Kim Kim Dana Myungjin Lee

Special thanks to

A4 10장 분량의 가슴 뛰는 메일로 이 일을 시작할 수 있게 해준 보미와 언제나 큰 나무 같이 든든한 힘이 되어준 호섭, 이젠 사알의 멘토가 된 명일, 승호, 미화, 변치 않는 밝은 웃음과 행복한 에너지를 전하는 비타민 같은 유라와 세줄짜리 러브레터 전시회에 마음으로 행동으로 힘이 되어준 허윤, 강현준, 김창성, 정수연, 장희재, 김효진, 최명광, 박동규, 이승재, 장다솜, 오화진에게 감사를 전합니다.

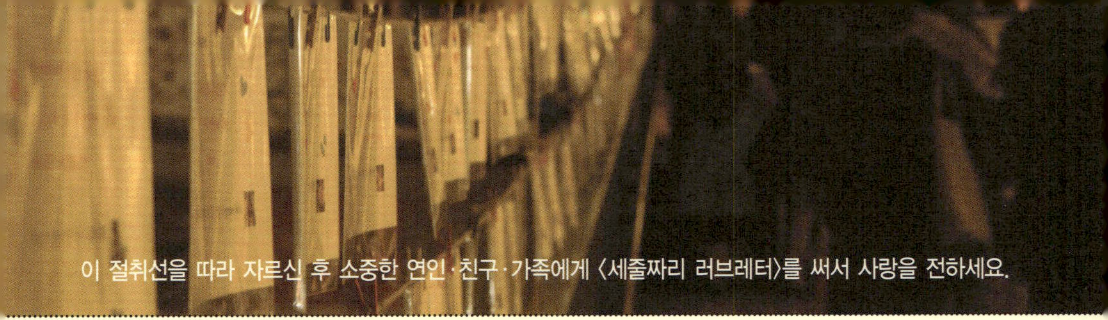


## 세줄짜리 러브레터

이제야 심장이 뛴다
너를 만나고
웃는다, 네가 안 보일 때도

사랑할 때 알아야 할 것들

POSTCARD

FROM.

STAMP

TO.

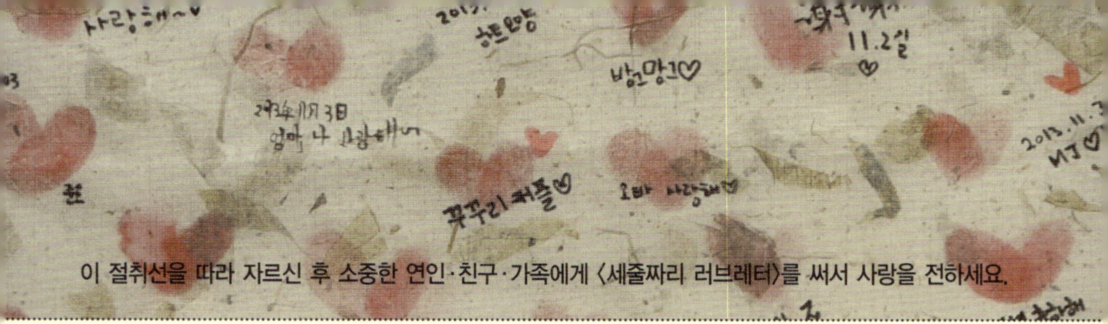


이 절취선을 따라 자르신 후 소중한 연인·친구·가족에게 〈세줄짜리 러브레터〉를 써서 사랑을 전하세요.

## 세줄짜리 러브레터

사랑할 때 알아야 할 것들

사랑에는 나중이 없다
사랑은
지금 하는 것이다

POSTCARD

FROM.

STAMP

TO.

세줄짜리 러브레터

당신의 사랑이
늘
행복하기를

사랑할 때 알아야 할 것들

POSTCARD

FROM.

STAMP

TO.

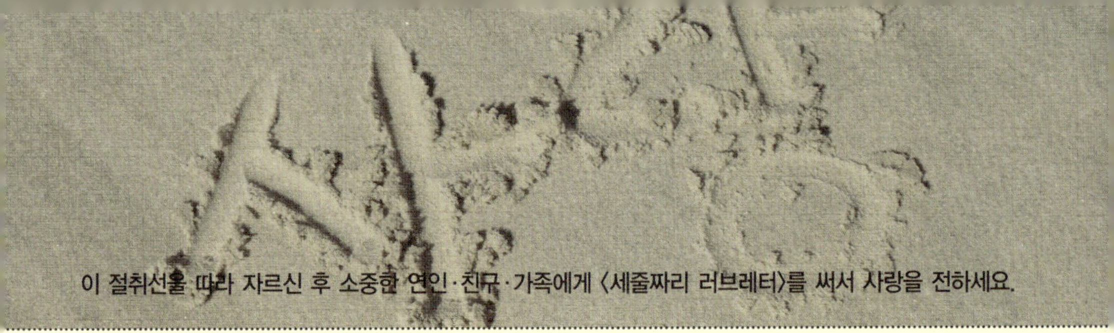

이 절취선을 따라 자르신 후 소중한 연인·친구·가족에게 〈세줄짜리 러브레터〉를 써서 사랑을 전하세요.

## 세줄짜리 러브레터

너를 만나서
내 생에
가장 기뻐

사랑할 때 알아야 할 것들

POSTCARD

FROM.

STAMP

TO.